REDENÇÃO DE AGOSTO

Carlos Newton Júnior

REDENÇÃO
DE AGOSTO

Prefácio de
André Seffrin

EDITORA
NOVA
FRONTEIRA

Copyright © 2023 by Carlos Newton Júnior

Direitos de edição da obra em língua portuguesa no Brasil adquiridos pela EDITORA NOVA FRONTEIRA PARTICIPAÇÕES S.A. Todos os direitos reservados. Nenhuma parte desta obra pode ser apropriada e estocada em sistema de banco de dados ou processo similar, em qualquer forma ou meio, seja eletrônico, de fotocópia, gravação etc., sem a permissão do detentor do copirraite.

EDITORA NOVA FRONTEIRA PARTICIPAÇÕES S.A.
Av. Rio Branco, 115 — Salas 1021 a 1205 — Centro — 20040-004
Rio de Janeiro — RJ — Brasil
Tel.: (21) 3882-8200

Imagem de capa: VLPA/Shutterstock

Dados Internacionais de Catalogação na Publicação (CIP)

N561r Newton Júnior, Carlos
Redenção de agosto/ Carlos Newton Júnior; apresentação por André Seffrin. – 1. ed. – Rio de Janeiro: Nova Fronteira, 2023.
160 p.; 13,5 x 20,8 cm
ISBN: 978-65-5640-728-9
1. Literatura brasileira. I. Título.
CDD: B869
CDU: 821.134.3(81)

CONHEÇA OUTROS LIVROS DA EDITORA:

André Queiroz – CRB-4/2242

sumário

9 | De mãos dadas ao poeta — André Seffrin

17 | Redenção de agosto
18 | O poeta e sua musa (I)
20 | Soneto do coração selvagem
21 | Salvação
22 | Prioridades
23 | Dona do carnaval (I)
24 | A barca da paixão
25 | Ofertório
26 | Quando sair-me o pássaro do peito
27 | Diagnose
28 | Vocação de Prometeu
29 | Desconstrução
30 | Estrela da vida inteira
31 | Canção do amor proscrito
32 | Certeza
33 | Três fragmentos apócrifos de Lord Byron
35 | Soneto do amor indizível
36 | Instante
37 | Deificação
38 | O travo
39 | Soneto do amor realizado
40 | Finitude (I)
42 | Vício
43 | Finitude (II)
44 | O verso e a vida
45 | Soneto da última despedida
46 | As casas
49 | Instantâneo
50 | Foto antiga (I)
51 | Lendo *Boitempo*
52 | Perfeição
53 | *Ubi sunt*
54 | A obra aberta
55 | A luta
56 | Lição de estética (I)
57 | As bocas do tempo
58 | A vida num abraço
59 | O ser e o nada
60 | Pessimismo
61 | Destino
62 | Três voltas em torno de um conceito
64 | Corpo marcado
65 | Fruição
66 | Considerações sobre o novo (I)

67 | Confissão
69 | O tempo flui no meio da noite
70 | Surpresa expandida
71 | Soneto das noites triplicadas
72 | Olhares
73 | Dona do carnaval (II)
74 | Nossa formação
76 | O tiro
78 | A galinha
79 | Primeira visão do ser egrégio
80 | Soneto de fé no amor
81 | Solau do falso marinheiro
82 | Intuição
83 | Tempo de arrumar as gavetas
85 | Os anônimos
87 | Canção sonâmbula
88 | Nem amante, nem amigo
89 | O poeta a si mesmo
90 | Canção do amor-general
91 | Ecos da crítica
92 | Soneto utópico
93 | A educação pelo riso
94 | A fome armada
95 | Invenção
96 | A luz

97 | Canção do viajante
98 | Desprezo
99 | Soneto do amor cruel
100 | Regeneração da matéria
101 | Função do poema
102 | As coisas que não têm jeito
103 | O poeta e sua musa (II)
104 | Canção do bem e do mal
105 | Canção libertária
106 | Os sinos dobram por ti
107 | O paciente
109 | Poema amargo
111 | Conselho
112 | A morte não pede passagem
113 | Restos
114 | Caravaggio (I)
115 | Santa Teresa (I)
116 | Santa Teresa (II)
117 | Pintura (I)
118 | Temperança
119 | Dâmocles
120 | Caravaggio (II)
121 | Daniele da Volterra,
    o *Braghettone*
122 | Canção do sonhador

123 | Lamentação de Adriano
124 | O avesso e o direito
125 | O inoperante
127 | O direito e o avesso
128 | Relicário
129 | Pintura (II)
130 | Considerações sobre o novo (II)
131 | Intenção
132 | Considerações sobre o novo (III)
133 | *Amor vincit omnia*
134 | *Amor vincit omnia* — variação

136 | Foto antiga (II)
138 | Definição de beleza
140 | Caravaggio (III)
141 | Lição de Estética (II)
142 | Cinco poemas da paz
146 | Cena urbana
147 | Mínima declaração dos direitos da criança
148 | Recomeço
149 | Ode ao mês de agosto

153 | Sobre o autor

De mãos dadas ao poeta

A forma é o verdadeiro conteúdo da poesia, afirma de maneira um tanto heterodoxa o Lêdo Ivo de *Confissões de um poeta*. Para todo escritor consciente, o verso é de fato uma conquista difícil porque a forma em geral impõe rédeas à imaginação. Rédeas que orientam, mas ao mesmo tempo podem estrangular. E nada como o humor de Drummond para nos fazer rir disso tudo — naquele seu verbete em que *métrica* é a "arte de fazer passar pelos dedos o que não entrou espontaneamente pela orelha". Ao que poderíamos acrescentar que o mau poeta se deixa dominar pela métrica, o bom poeta consegue se manter apesar da métrica e o grande poeta subtrai da métrica tudo de que necessita em sua fervente imaginação e a dispensa quando ela é glacial engano. Entre estes últimos, Carlos Newton Júnior encontra seus pares e com eles dialoga.

Manuel Bandeira, professor nesses assuntos, penava com eventuais embates rítmicos e rímicos e em parte os relata em *Itinerário de Pasárgada*. Aproveito a deixa manuelina para rememorar uma história pessoal. Certa vez Astrid Cabral comentou comigo do incômodo que lhe causava, em "Consoada", aquele verso final de Bandeira: "Com cada coisa em seu lugar." Em poeta tão consciente e perfeito, como explicar esse "com cada" que dói no ouvido? Por que não usou ele apenas "cada"? Qualquer debate em torno desse tema teria aí boa faísca para esquentar...

Em *Redenção de agosto*, logo de início a epígrafe de Neruda e um soneto (que dá título ao livro) abrem portas para um lirismo de clareza meridiana. Como em Cecília, em Quintana, em Bandeira, a mesma obsessão pela simplicidade que só grandes poetas conseguem minerar. Seja em sonetos exemplares (e há neste livro algumas obras-primas nesse formato), seja em formas poéticas diversas e numa esplêndida e sábia polimetria adequada a cada poema ou ideia. Assim alinha-se Carlos Newton Júnior ao eixo de nossa melhor poesia a partir de Gregório de Matos e igualmente de Manuel Botelho de Oliveira, o musical cantor de Anarda. São dois grandes sonetistas barrocos que ecoam em outros grandes sonetistas posteriores e também neste Carlos Newton Júnior de "Soneto do coração selvagem" e outros tantos de *Redenção de agosto*: "Soneto do amor indizível", "... do amor realizado", "... da última despedida", "... das noites triplicadas", "... de fé no amor", "... do amor cruel" etc. Isto se confirma não apenas nos livros mais recentes do autor — em *Ressurreição: 101 sonetos de amor*, de 2019, em *Memento mori: os sonetos da morte*, de 2020 — como em toda sua obra anterior, em sonetos que contrariam a injúria do tempo e qualquer eventual preconceito frente a formas consagradas da criação poética. Todavia este livro não é feito apenas de sonetos...

Eterno prisioneiro do "divino jogo" do amor, dentro e fora do poema ("A obra aberta"), uma realidade ilusória de ordem quase fotográfica nos induz a enfrentar nesses poemas intermitentes pontos de fuga. Reinos e itinerários de um poeta... Em "Foto antiga (II)", há, além disso, uma quase metafísica do cotidiano que, domada, parece se adensar em poemas de "protesto e redenção", como se dá em "Nossa formação", "O poeta a si mesmo", "A fome armada", "Cena urbana" e, entre outros, "Os anônimos", de uma queixa a céu aberto em que "nós somos o nosso próprio incidente,/ noticiado sem alarde/ nos espelhos polidos da rotina" — tudo ao fim confirmado em "Ode ao mês de agosto". E se em "Corpo marcado" há uma tênue aura de Augusto dos Anjos, em "Conselho", é de Cecília Meireles a invasora aura de melancolia ora aflorada num verso, ora no poema inteiro.

Por outra perspectiva, consideremos "Três voltas em torno de um conceito", a palpitante consciência do poeta a invocar a origem e o destino da poesia no martelar da sua oficina:

Acima da gramática
encontra-se a linguagem;
acima da linguagem,
adeja a voz do espírito:
ubíqua e tautológica,
suavemente enfática
— poesia é som, é rito.

Um derrame, contido
no âmago do íntimo,
que floresce, latente,
no limiar do círculo.
Liberto, o verso segue
iluminando a vida,
sendo, por nós, seguido
— poesia é sol e ritmo.

Fecha-se, assim, o ciclo.
Por quem os sinos tocam?
(Os sinos nunca tocam,
os sinos são tocados!)

Na essa, palco, estrado
da folha de papel,
no verso, incorporado,
um ouropel mais fino
— poesia é fim, destino.

... tal qual alguns outros poemas que valem como fé de ofício — sim, porque no verso está a vida verdadeira do poeta, nos inventários que ele promove em cada poema, muitas vezes intimando o leitor à participação. Como em "O verso e a vida", arte poética espelhada ainda nas quadras de "Intenção", no pedido de uma leitura que deve acontecer nos limites da "confusão dos sentidos", longe do "discurso da razão". Pois esse poeta, que em "Tempo de arrumar as gavetas" respira ao lado do Bandeira de "Consoada" e do Quintana de "Envelhecer", nunca dispensa a sondagem das humanas contingências e a aspereza da finitude: das memórias da meninice ("As casas") às calcinações maiores ("*Ubi sunt*"), que em vagas de *solombra* nos confrontam em "As bocas do tempo":

O tempo não tem pernas, e, sim, bocas
cruéis, insaciáveis, assassinas,

que deixam, quando o seu festim termina,
os quartos em silêncio, as salas ocas.

(...)

Nós somos essas bocas, pois, no fundo,
de tempo somos feitos, como o foram
os que cantavam nem faz um segundo.

Aquele segundo epifânico em que "será o amor o único refúgio" — refúgio provisório ou inexistente que nos joga ao relento e à deriva, de mãos dadas com este poeta que sem favor algum é dos maiores de nossa literatura.

André Seffrin
Rio, outubro de 2023.

Agosto
austral,
agosto
limpio y frío,
tu columna
se eleva
desde la tierra al cielo
y te coronan
las piedras estrelladas,
la noche del zafiro.

     PABLO NERUDA,
      Oda al mes de agosto

Redenção de agosto

Agosto se redime, no poema,
como a terra no fruto, após o estio.
Não mais a sua fama de vazio,
diabo solto na rua, sal, postema.

Não mais um mês de agouro — seu emblema
agora mostra lírios, campos, rios.
Não haverá partida de navios,
e já reina a esperança, anel e gema.

Altivo, desde o seu primeiro dia,
agosto se redime em festa e luz,
elegância, leveza, alegoria

do próprio amor que ampara e que seduz,
azul como Bronzino o pintaria,
que me ressuscitou e me conduz.

[1-8-2022]

O poeta e sua musa (I)

Assim como o jornalista
mantém sua fonte escusa,
o poeta esconde a musa
bem longe da nossa vista.

Oculta, por trás dos versos
que ilumina, todavia:
em sutil algaravia
os seus traços vão, dispersos.

É real, imaginada?
Do Recife ou de Ipanema?
De qual atriz de cinema
foi a face copiada?

Que mares entressonhados
banham sua geografia?
Apenas os da poesia,
sempre e nunca navegados?

Alguns acham que é aquela
dos bons tempos do colégio.
Quem será o "ser egrégio"?
A vizinha da janela?

Seja quem for, é a musa
— só do poeta, portanto!
Que mais cresça o seu encanto,
quanto mais viva reclusa.

[1-8-2022]

Soneto do coração selvagem

Como, afinal, domar o coração
que, selvagem, galopa no meu peito?
Com que rédeas, esporas, de que jeito
mantê-lo firme e preso ao rés do chão?

Como impedir o voo, o grito, o vão
desabrochar do sonho a ele afeito?
Como dizer-lhe que não fui o eleito
para tocar, no mundo, a tua mão?

Como domesticar um coração
que é desejo, loucura, mau destino,
ardência, destempero e ilusão?

Como ouvir, na tormenta, o som do sino?
Como atar a mordaça da razão
naquilo que é só risco e desatino?

[1-8-2022]

Salvação

A poesia que me salva
nada diz a meu vizinho.
Profundamente, na alma,
nós caminhamos sozinhos.

Do amanhã nada sabemos:
se teremos pão e vinho.
No amor maior, nós tecemos
nossa coroa de espinhos.

Que é de todos os humanos
perdidos na mesma estrada,
numa contenção de danos,
do início ao fim da jornada.

Um só e mesmo caminho,
recendendo a sangue e malva.
Nada diz a meu vizinho
a poesia que nos salva.

[25-9-2022]

Prioridades

Primeiro, a fome. Depois
cuidemos de olhar estrelas:
não poderemos comê-las,
exceto as da sopa, pois,
com letrinhas, são tão belas,
fumegantes, nas panelas,
misturadas ao arroz.

[25-9-2022]

Dona do carnaval (I)

O estandarte te procura
para irradiar teu brilho:
como, na letra, o estribilho
realça o tom e a estrutura.

Um estar tão à vontade,
entre o dourado e o vermelho;
dedos fazendo, no espelho,
o "L" da liberdade.

No boné, uma palavra
de mundo justo, fraterno:
terra — sem gravata ou terno! —
pra quem nela vive e lavra.

Do sorriso não direi:
foi impresso, à revelia,
nos sonetos que, algum dia,
só pra ti declamarei.

[26-9-2022]

A barca da paixão

Que a barca da paixão jamais se quebre
ao esbarrar nas rochas dos deveres;
e ao porto frágil e fácil dos prazeres
prefira as noites de tormenta e febre.

Que ela não só flutue, mas navegue,
singrando as altas ondas do verão.
Se o leme está, agora, em tua mão,
a outras mãos jamais será entregue.

Que, na barca, o destino nos encerre,
e a nossa anatomia, ah!, enlouqueça:
o coração, fundindo-se à cabeça,
o rumo acertará, por mais que erre.

E o céu, que tudo vê, que tudo escuta,
testemunha do amor que te ofereço,
relendo a nossa história pelo avesso,
verá que não foi vã a minha luta.

[29-9-2022]

Ofertório

No tablado da memória
e do sangue do meu ser,
meu intento é compreender
teu papel na minha história.

Ora dama transitória,
ora vilã, a ferver
o caldo do meu prazer,
tornando amarga a vitória.

A ti, ungida de Deus,
toda a honra e toda glória
da poesia provisória,
má-fortuna e erro meu!

[1-10-2022]

Quando sair-me o pássaro do peito

Quando sair-me o pássaro do peito,
e sem verso eu partir, triste e sozinho,
as estrelas colhidas no caminho
dirão a quem, no mundo, eu fui afeito;

para quem eu cantei, e de que jeito
o Destino entrançou a lã e o linho;
e o segredo de um velho pergaminho
poderá vir à luz — limpo, escorreito!

Não fui proscrito, mas não fui o eleito:
cavaleiro sem dama e sem moinho.
Não haverá castelo, pão e vinho,
quando sair-me o pássaro do peito.

[8-10-2022]

Diagnose

Poesia, mal de nascença,
tal a vida, não tens cura:
se nos dói, tanto mais dura
tua inefável presença.

Sim, a vida, desavença
em sua essência mais pura:
como a água a pedra fura,
perderemos nossa tença.

Poesia, que a morte venças
em tão bela tessitura;
no resplendor da figura,
o sumo do ser — sabença.

Sim, a morte, malquerença,
até quando traz candura;
em seu tempo, prematura,
mesmo sendo a vida imensa.

[9-10-2022]

Vocação de Prometeu

O poeta, pelo ouvido,
Prometeu ressuscitado,
aviva o fogo sagrado,
numa canção convertido.

E o poema, repartido,
aquecendo os corações,
falará às multidões
o que lhes foi proibido:

o amor nunca foi herdade
a gozo de Deus, somente;
e, nos homens, é semente
da mais funda liberdade.

[12-10-2022]

Desconstrução

Desexplicar o poema
para renovar-lhe o viço;
libertá-lo dos fonemas
que o fizeram tão castiço.

Que ele grite, mas não gema:
o catre é leito e feitiço;
e a coroa, o diadema,
feitos de metal postiço.

Desconstruído, o poema
gera novo compromisso:
ao sentir a dor do edema,
mais escrevo e mais me atiço.

[12-10-2022]

Estrela da vida inteira

Minha morte vem comigo,
desde os meus primeiros passos,
com seu hálito, seus aços
roçando-me pele e umbigo.

Viu-me crescer, me fez homem,
carregando-me consigo.
Enquanto a vida persigo,
seus vermes sutis me comem.

Minha morte fez-me a cama
às paixões mais pueris;
para atar-me a seus quadris,
fez-me amar quem não me ama.

Vem comigo, sempre escusa,
insondável meretriz.
Ao negar-me o amor feliz,
quer ser, ela própria, a musa.

[12-10-2022]

Canção do amor proscrito

Nossos corpos, em apulso,
estão quase a se tocar.
Se o teu é frio, a brilhar,
o meu explode, convulso.

Nenhum interesse avulso
interpõe-se a meu cantar.
Impossível refrear
o galope do meu pulso.

Se o meu verso soa insulso,
não há musa a condenar:
nada posso ambicionar,
pois, ao chegar, fui expulso.

[17-10-2022]

Certeza

Todos hão de cair, um dia,
na calçada, na rua, no banheiro:
viverão o momento derradeiro
que a roca do destino fia.

Todos hão de cair, é certo,
nos músculos, nos ossos, na beleza,
na luz do olhar, até então acesa,
esteja o dia longe ou perto.

Todos hão de cair. Quem sabe
de qual altura a queda ocorrerá?
O pó que foi um nobre, um rei, paxá,
numa pequena urna cabe.

Todos hão de cair, bem sei.
Eu mesmo, que jamais subi tão alto,
por medo do desvão, do fim, do salto,
do sonho de te amar eu cairei.

[17-10-2022]

Três fragmentos apócrifos de Lord Byron

1

Quanto mais conheço os homens,
mais eu amo o meu cachorro.

2

Allegra

Não fui teu pai, fui teu algoz.
O amor por ti jorrou tardio,
rio que nasceu na foz.

3

Shelley

Eis o que restou da coragem
de quem até os deuses afrontou.

Insano Prometeu, de quem restou
o corpo nu, exposto à margem,
sem eloquência nem calor.

[29-10-2022]

Soneto do amor indizível

Aceita, coração, humildemente,
o dom da inteligência, da razão.
O que tanto atrapalha, pois diz não,
é passo para trás e salto à frente.

Se tu és sol de fogo e brasa ardente,
no galope sem freio da paixão,
só ele é que segura a tua mão,
no chouto de quem cala e não consente.

É ele que te ampara, quando, louco,
ultrapassas a fímbria do possível
e queres explodir em grito rouco.

E até neste soneto, tão sofrível,
freando o teu segredo, pouco a pouco,
impede que tu digas o indizível.

[29-10-2022]

Instante

Quem amamos nos limita
e nos rouba a liberdade.
Como ficar à vontade,
se o ser amado nos fita?

De imediato, o rubor
da face nos denuncia.
E estas mãos? Onde as poria
para esconder o tremor?

Eis o instante. O mais é nada.
Tão cedo passa o que é tudo.
Quem ama só pensa, mudo,
se a roupa foi acertada.

Não sorriu. Cumprimentou
quem de amor está perdido.
Há quase um gozo escondido.
Foi-se. O turbilhão passou.

[1-11-2022]

Deificação

Quem nos ama nos liberta
numa imagem sublimada:
nenhuma pose é errada,
toda decisão é certa.

Não há dia, não há hora,
para chegar ou sair.
Todo o passado é devir,
todo o futuro é agora.

Nenhum dizer é confuso:
o amante entende e acredita.
Algum deus em nós habita
— tom, sabor, feitiço escuso.

Quem nos ama nos liberta
das agruras do humano;
dentro de nós, o tirano
já se insinua e nos flerta.

[2-11-2022]

O travo

Quem não ama não conhece
a Deus, pois Deus é Amor.
Até no espinho da flor
o bem se fia e se tece.

Àquilo que a nós parece
sina do mal e da dor,
o mistério faz supor
a forma de mãos em prece.

Quem não ama traz um travo
bem na raiz do desejo,
vestígio de mágoa ou pejo
na pulsão de um desagravo.

[2-11-2022]

Soneto do amor realizado

No dia em que o real que há no meu sonho
tornar-se, enfim, um sonho realizado,
e forem fato vivo e consumado
o amor que tenho e a fé que nele ponho;

no dia em que não mais verei, tristonho,
o sol se pôr em fim anunciado,
na tortura cruel de um condenado
que não concebo em mim e mal suponho;

terei, então, o peito apaziguado
do galope incessante dessa vida
e das penas que tenho, aqui, penado.

As mãos não tremerão, pois, aquecidas,
no teu colo macio e acalorado,
repousarão na paz tão prometida.

[3-11-2022]

Finitude (I)

Hoje somos. Amanhã
teremos sido. E, então,
os que ainda aqui serão,
palmilhando a terra chã,
compulsarão, no divã,
velhas fotos, onde estão
nossos corpos belos, sãos,
brilhando em pele louça:

"Eis aqui, em grande afã,
o poeta, nosso irmão;
esta, que lhe dá a mão,
misteriosa cristã,
é a musa, cuja lã
teceu-lhe o grande desvão;
cheirava à flor do limão
e é, hoje, bela anciã.

Perdurou o seu elã
bem mais que o tempo pagão
de uma nova geração
mais sensata, humana e sã.
Sua pele de romã
atiçava o coração

do poeta, e essa paixão
levou-o, certa manhã."

A vida, boa e vilã,
um dia nos joga ao chão.
Eis a humana condição:
vida plena, vida vã.
Hoje somos. Amanhã
teremos sido. E, então,
os olhos não mais verão
a estrela Aldebarã.

[8-11-2022]

Vício

Fumo, e a vida em fumo foge,
sorrateira, passo a passo.
No meu confuso cansaço,
já não sou servo nem doge.

Há algo que não eclode
dentro de mim — e me tremo.
Quanto mais o sinto e temo,
mais me domina e me implode.

Pior vício é o de viver
sem amor e sem remédio.
Fumo sem gosto nem tédio,
mato-me pra não morrer.

[9-11-2022]

Finitude (II)

Finda um dia de triunfo,
breve, como outro qualquer.
Venha a glória que vier,
o pó será fim e trunfo.

Se tal lei não te aprouver,
só te resta o desespero
de ajuizar, por tempero,
o bem que o mundo te quer.

Esse bem, que não consola,
mesmo em livros registrado,
o tempo o terá cassado,
pois, como fumaça, evola.

[10-11-2022]

O verso e a vida

Não ligue se não tiver
um tema para cantar.
Nem queira, jamais, forçar:
o verso vem quando quer.

Antecipe, se puder,
qualquer trabalho ordinário.
Libere, assim, seu horário
para quando ele vier.

Em estado de poesia
saiba conduzir a vida:
hoje, a noite mal dormida;
amanhã, artesania.

O desespero latente,
que, na sombra, se aproxima,
irá ceder, quando a rima
surgir, nua, à sua frente.

E o jorro vivo, fecundo,
da intuição liberada
enfim será luz, morada,
no recomeço do mundo.

[3-12-2022]

Soneto da última despedida

Comigo irão as dívidas, as rudes
estrofes incompletas sobre a mesa;
paixões arrefecidas, a surpresa
que a ti pensei fazer, mas já não pude.

Meu tempo se esgotou, não há quem mude
um destino traçado e bem urdido.
A ânsia de viver mais que o vivido
é sonho vão, que só aos vãos ilude.

As imagens de tudo o que passei,
em dias de alegria ou tempo duro,
dirão se fui mais bobo ou fui mais rei.

O que falta lembrar? O que procuro?
A luz final do teu olhar verei
e nada restará além do escuro.

[3-12-2022]

As casas

As casas em que morei
(foram tantas, foram tantas!)
conservaram a memória
do que fui, estilhaçada
em suas paredes brancas
e nas modestas fachadas.

Adulto, senti o apelo
de correr a visitá-las;
de achar, em cada recanto,
fragmentos de mim mesmo,
segredos já esquecidos,
coisas vividas a esmo.

Só em Natal, foram quatro:
no Alecrim, Tirol, Petrópolis
e na Nova Candelária,
em rua de chão batido
— o único lar comprado,
depois, no aperto, perdido.

Algumas, por tão distantes,
com paciência esperaram
bolso cheio e céu azul:

a de São Paulo, a primeira
elevada em pilotis;
aquela, de Campo Grande,
no Mato Grosso do Sul,
na qual eu fui mais feliz.

Em todas, eu conversei
com o menino então oculto
nas minhas salas internas.
Recuperei as lembranças
até onde foi possível.
Revivi muitos instantes
em que o passado e o presente
se uniram, no inconcebível.

Sombra, solidão, vazio...
Nem tudo eu pude escutar.
Que dizem os pingos d'água
das pias e dos chuveiros?
E o vento, que ainda canta
pelas frestas das janelas
e portas sem reposteiros?

As casas em que vivi
e onde fui morrendo aos poucos,
aos pedaços, sem saber,

ficarão além de mim,
após meu anoitecer.
E os que nelas vão morar,
ao palmilharem seu chão,
poderão ouvir — quem sabe? —
o pulsar de um coração.

Oh, as casas, minhas casas,
que nunca morrem em mim!
Carrego-as todas, assim,
para a noite que me aguarda!

[17-12-2022]

Instantâneo

Passando, sequer me olhaste.
Na rua, o teu perfume,
o vulto leve, de nume,
minha solidão de haste.

Atado ao chão, num engaste,
teu olhar quero assumir,
só pra me ver e sorrir,
antes que de mim te afastes.

Que teu sorriso me baste
para guardar tua imagem.
Renovo, vigor, coragem.
Fiz o poema. Passaste.

[17-12-2022]

Foto antiga (I)

No retrato, a mesma esquina
de sonhos inda vividos.
Eis o tempo, enfim contido,
em sua fome assassina.

Eram todos apressados:
compromissos, afazeres...
Alguns tiveram prazeres,
todos, hoje, sepultados.

Dias que não foram meus,
gente que não conheci.
Os que se foram, ali,
de algum lugar dão-me adeus.

[17-12-2022]

Lendo *Boitempo*

Este menino inteiro que voltei
a ser, com essa volúpia de presente,
e tudo foi assim, tão de repente,
e, juro!, não fui eu que comecei;
calar, porém, eu nunca calarei,
sejam lembranças tolas de menino,
sejam coisas mais sérias, que, cretino,
sem nenhum despudor digo e direi.
Intimado no livro do poeta
que, em versos, as memórias escreveu,
respondo com esse dom que Deus me deu,
mesmo sendo tão frágeis dom e meta.

[17-12-2022]

Perfeição

Tentamos fazer o certo
mas, humanamente, erramos:
a perfeição, longe e perto,
é um sonho que sonhamos.

Jamais a alcançaremos
sem estarmos convencidos
do erro no qual vivemos
perfeitamente iludidos.

A perfeição é uma casa
de procedência divina.
Luz que nos acena, vaza,
e nunca nos ilumina.

[18-12-2022]

Ubi sunt

Quantos já se perderam no caminho
que não sabemos bem aonde leva?
A que bosque ou floresta, luz ou treva,
a que casa paterna, colo ou ninho?

Já chegaram, deixando-me sozinho?
Encontraram, talvez, algum atalho
que a mim, com este meu passo, tardo e falho,
passou despercebido, entre os espinhos?

Inda pouco escutava seus desejos,
falávamos de amores, de trabalho,
entre risos, abraços e gracejos.

Onde estão? Em qual árvore, em qual galho
escondem-se de mim, que não os vejo,
mas diviso as pegadas sob o orvalho?

[20-12-2022]

A obra aberta

No meu verso, eu quis dizer
o que o leitor entendeu.
Caberá, a quem me ler,
achar-me crente ou ateu.

Eu fiz o verso. O leitor
foi-se fazendo sozinho.
Se a rosa me lembra amor,
poderá lembrar-lhe espinho.

Se sorriu, não imagina
a dor que o verso custou;
o quanto o vate chorou,
ali, por trás da cortina.

Meu fingimento será
a sua pura verdade,
que, decerto, mudará
quando mudá-lo a idade.

Somos náufragos, perdidos
no verso que nos uniu.
Se bem me leu e partiu,
fomos ambos iludidos.

[21-12-2022]

A luta

Haveremos de lutar,
faça chuva ou faça sol.
Nenhuma cama ou lençol
pagarão nosso jantar.

A vida é luta renhida;
nós, generais sem soldados.
E lutamos, malfadados,
para prorrogar a vida...

Sim, lutamos, dia e noite,
até dentro de nós mesmos:
não se vive, assim, a esmo,
sem que a razão nos açoite.

Lutamos, ao deus-dará,
com suor e com porfia,
até chegarmos ao dia
em que o Sol não nascerá.

[22-12-2022]

Lição de estética (I)

No cerne da beleza, dissolvido,
existe algo de humano, não divino:
nas proporções das partes, ouro fino
que luz ao dia, e à noite é corrompido.

A pele já se eriça, quando o olhamos.
Há algo de divino nesse humano,
eterno e perecível, como um pano
que, ao se rasgar, não rasga a cor que amamos.

O fado da beleza, assim, descrito
na dupla natureza dos sentidos,
é um sussurro breve, verso lido
no limiar frenético do grito.

De que vale a beleza, pressentida
em gestos, som, perfume, idolatria?
Amálgama de sonhos, alquimia,
amor que justifica a própria vida.

Eis então nossa casa, sol, guarida,
à qual retornaremos algum dia;
difícil é o reino, estreita a via
que encerra a nossa luta, enfim vencida.

[24-12-2022]

As bocas do tempo

Com tema de Eduardo Galeano

O tempo não tem pernas, e, sim, bocas
cruéis, insaciáveis, assassinas,
que deixam, quando o seu festim termina,
os quartos em silêncio, as salas ocas.

Não há ineditismo, mas nos choca
essa voracidade adamantina
que destrói, e até mesmo na surdina,
a presa que se esconde em sua toca.

Cantam, as mesmas bocas que devoram,
a saga dos que vivem pelo mundo
e seus feitos que, aqui, vingam e goram.

Nós somos essas bocas, pois, no fundo,
de tempo somos feitos, como o foram
os que cantavam nem faz um segundo.

[25-12-2022]

A vida num abraço

Ao nascer, estendemos nossos braços,
e o mesmo nós fazemos, ao morrer.
O que significa, então, dizer
que a vida cabe dentro de um abraço.

Tão breve é esse tempo, e curto o espaço,
e tanto o que pensar e o por fazer,
que somente um abraço pode ser
o gesto que transforma um nó em laço.

Não contemos vitórias pelos passos
cujas marcas deixamos pelo chão,
geradas na frieza da razão
e, às vezes, reluzentes feito o aço.

Tampouco pelos sins e pelos nãos,
mas pela quantidade dos abraços
que damos e ganhamos, em compassos
medidos ao bater do coração.

[25-12-2022]

O ser e o nada

Quanto mais nós conhecemos,
mais se adensam os mistérios.
Nossos semblantes, tão sérios,
dizem o quanto sofremos.

Se nunca mais nós veremos
quem amamos e partiu,
todo o amor que nos uniu
para sempre nós perdemos.

Ontem, o amor ressoava
como uma canção eterna;
hoje, o silêncio consterna
quem ficou e tanto amava.

Quem somos? De onde viemos?
E, depois, aonde vamos?
Por que, se tanto estudamos,
essas respostas não temos?

Palmilhando a mesma estrada,
fingimos que a conhecemos;
nada sabemos do nada,
e, do ser, pouco sabemos.

[26-12-2022]

Pessimismo

Onde há vida, haverá morte,
e, onde há morte, há sempre dor:
a vida não faz favor,
e a carne sangra, no corte.

Não há lugar, não há norte
onde, a salvo, alguém se pôr.
Seja no frio ou calor,
onde há vida, haverá morte.

Dessa lei, sempre em vigor,
nós somos todos consortes;
para os fracos, para os fortes,
onde há morte, há sempre dor.

Não adianta propor
qualquer exceção à sorte:
por mais que se peça, exorte,
a vida não faz favor.

Não há um outro suporte
que faça as vezes de andor.
Seja a lesão onde for,
a carne sangra, no corte.

[27-12-2022]

Destino

Morreu o atleta
com a mesma idade
do poeta.

O atleta cultivou o físico.
O poeta era culto e tísico.

Como entender o destino
e seu arrazoado
de glória e desatino?

Pelé, Bandeira dos atletas.
Bandeira, Pelé dos poetas.
Qual dos dois viveu a vida
mais completa?

[30-12-2022]

Três voltas em torno de um conceito

Acima da gramática
encontra-se a linguagem;
acima da linguagem,
adeja a voz do espírito:
ubíqua e tautológica,
suavemente enfática
— poesia é som, é rito.

Um derrame, contido
no âmago do íntimo,
que floresce, latente,
no limiar do círculo.
Liberto, o verso segue
iluminando a vida,
sendo, por nós, seguido
— poesia é sol e ritmo.

Fecha-se, assim, o ciclo.
Por quem os sinos tocam?
(Os sinos nunca tocam,
os sinos são tocados!)
Na essa, palco, estrado
da folha de papel,

no verso, incorporado,
um ouropel mais fino
— poesia é fim, destino.

[1-I-2023]

Corpo marcado

O meu corpo traz as marcas
das profundas cicatrizes
dos cortes da minha alma
— dos sofrimentos escusos,
ano a ano acumulados,
em dias de desamor.

O meu corpo, que envelhece
sob matinais protestos,
quando me vejo no espelho,
é antigo prisioneiro
dessas carnes, desses ossos
que se deixam corromper.

O meu corpo tem a sede
de profetas ancestrais:
de beleza e de saber
— das orações tão bem-ditas
que em livros de versos fossem
como se vão num altar.

[1-1-2023]

Fruição

Se uma coisa é mesmo bela,
dar-nos-á prazer eterno.
E mesmo a visão do inferno
brilhará como uma estrela.

O que salva é concebê-la
como algo que se criou.
Sofrer, se nos escapou,
no desprazer de não vê-la.

Os insucessos da vida
não arrefecem a chama.
A beleza é de quem ama
a coisa que a tem contida.

[I-I-2023]

Considerações sobre o novo (I)

Em si mesmas, as palavras
não são velhas nem são novas.
No verso, concatenadas,
são sempre postas à prova.

Se reluzem, feito fogo,
na viva expansão da ideia,
velhas, dirão algo novo,
numa mesma melopeia.

Se só cinzas nos inspiram,
eivadas de vigarice,
sendo novas, repetiram
o que Homero já nos disse.

[2-I-2023]

Confissão

Minha covardia
vem desde menino.
Na escola, franzino,
jamais me batia.

Não salvei ninguém
de algum valentão.
A qualquer sermão
respondi amém.

Nunca me alterquei
com nenhum vizinho.
A viver sozinho,
contemporizei.

O meu ser prosaico
soube ser perverso,
ao rezar o verso
e dizer-me laico.

Só no verso, enfim,
fui um revoltado.
Se não for amado,
que será de mim?

Ah, quanta impostura!
Tamanha indecência!
Será dor, cadência,
de uma alma impura?

Quem eu fui? Quem sou?
Canto, nesse estrado,
o amor encontrado
que me encorajou.

[3-1-2023]

O tempo flui no meio da noite

A partir de um verso de Tennyson

Que cruel inimigo nos ataca
no próprio limiar do desamor?
E nem durante a noite, sem pudor,
jamais esconde ou solta a sua faca?

Não há muro, nem fosso, nem estaca
que possam esfriar o seu ardor.
Não há paz, não há trégua, não há flor,
ninguém o dobra e a sua ira aplaca!

Acolhidos ao colo das mansardas,
já cansados, nem mesmo pressentimos
o seu bote certeiro de onça-parda.

Inocentes, sonhamos e sorrimos,
baixando totalmente a nossa guarda,
e o tempo flui enquanto nós dormimos.

[4-I-2023]

Surpresa expandida

Tu és surpresa expandida
em instante prorrogado:
um sonho vivo, acordado,
que sonho por toda a vida.

A tua imagem, colhida
nas palavras que semeio,
movimenta-se, sem freio,
sem repouso, sem guarida.

Festa, missão revivida,
em tempo sem fim e azado.
Nos teus passos, a meu lado,
tu és surpresa expandida.

Se a surpresa é mero evento,
em um segundo contida,
tu és surpresa expandida
que se eterniza no vento.

[13-I-2023]

Soneto das noites triplicadas

Que cada noite nossa dure três:
somente assim o meu maior desejo,
de ver, em ti, o que hoje ainda não vejo,
enfim se satisfaça de uma vez.

Precisarei de décadas, talvez.
Por isso é que me apresso — o meu cortejo,
tão pobre em sutilezas, tão sem pejo,
concentra o ardor de um ano em um só mês.

Seriam noites claras, com essa lua
a banhar, de segredos revelados,
um mistério que nunca se extenua.

Ah, calor do meu fogo incendiado!
Que a minha chama envolva, então, a tua,
em tempo anoitecido e triplicado.

[17-1-2023]

Olhares

Como impor o desolhar
a olhos insubmissos,
prisioneiros do feitiço
com que os prende o teu andar?

Como não te ver passar
com meus olhos prisioneiros,
que então se voltam, inteiros,
e se afogam no teu mar?

Se a vida os olhos me embaça,
no triste passar dos anos,
imagino, sob os panos,
mais perfeita a tua graça.

E, se me flagras no crime
de te olhar e de insistir,
perdoa, pois o porvir
as penas de amor redime.

Não me importo se não tens
para mim qualquer mirada.
Quem nasceu pra ser olhada
não carece olhar ninguém.

[3-2-2023]

Dona do carnaval (II)

O teu colo é um novo céu
de mil douradas estrelas:
a olho nu posso vê-las
como adorno, luz e véu.

Com meus lábios colheria
uma a uma, se pudesse.
E faria, de tal messe,
minha melhor fantasia.

Uma nova criação
ou expansão do universo?
Como expressar, no meu verso,
a tua constelação?

No poema que eu faria,
sobre essas estrelas, tantas,
que te chegam à garganta,
teu sorriso estrelaria.

[5-2-2023]

Nossa formação

Com mote de Josué de Castro

Se alguém roubasse um cavalo,
era ladrão.
Mas quem roubava centenas
era barão.

Por trás de toda pobreza,
falta de estudo.
Por trás de toda fortuna,
um crime oculto.

Para a família e os amigos,
dava-se tudo.
Aos inimigos, porém,
a dura lei.

Foi assim que construímos
nosso absurdo,
que, em quatro versos, apenas,
resumirei:

Há milhões passando fome,
mas os que comem

já não dormem, pois têm medo
dos que não comem.

[6-2-2023]

O tiro

Até na voz
eu sinto a dor
do mundo, por
estar a sós.
Ninguém me escuta:
por mais que eu grite
e assim me irrite
a própria luta.
Então escrevo.
Ora, quem lê,
se há, na TV,
som mais coevo?
A vã poesia
que eu ofereço
não vale o preço
da mais-valia.
Não vale nada,
se ela não for,
além da dor,
domesticada.
É só um tiro
(e de festim!)
que dou em mim
e não me firo,

e não me furo:
um tiro, à toa,
que mal ecoa
no quarto escuro.

[12-2-2023]

A galinha

Vê: a galinha, na engorda,
desconhece o que é domingo.
Como nós: presos à corda
a que chamamos destino.

É uma ave sem graça:
sem canto, voo, beleza.
Como nós: se o tempo passa,
resta-nos gozar à mesa.

É um ser vivo, no entanto,
e frágil é seu pescoço.
Como nós: há dor e pranto,
caso quebremos um osso.

As penas de uma galinha
lembram nossas próprias penas:
as que penamos, na rinha
das nossas almas pequenas.

Irmanados pelo tempo,
partilhamos igual sorte:
seremos cinzas ao vento,
pois tudo o que é vivo morre.

[17-2-2023]

Primeira visão do ser egrégio

Com tema de Gilberto Amado

Foi um momento de fulminação:
um corisco, um fulgor, a luz de um raio,
um choque, um brilho, a ânsia do desmaio,
um fogo pela face e a viração.

Uma visagem, glória e redenção,
num segundo que logo recomeça
sem ter sequer passado, eterna peça
entre a realidade e a encenação.

O dom do movimento, a perfeição
de tudo o que é criado e se descola,
ganhando vida própria na explosão.

E o perfume de rosas que se evola
das pétalas dispersas pelo chão
ao âmago invisível da corola.

[18-2-2023]

Soneto de fé no amor

Por mais que o mundo oferte os seus espinhos,
não fechemos a porta da afeição.
Não há por que viver na solidão,
se um dia partiremos — e sozinhos.

Cultivemos os sonhos. A ilusão
facilmente se perde nos caminhos.
Um sonho, envelhecido, como o vinho,
adoçará os dias que virão.

Que o tempo passe em si, mas não em nós,
perenes sob a turva superfície
do corpo tão precário e prepotente.

Tenhamos fé no amor. Somente após,
poderemos, com a força da planície,
suplantar a montanha que há na frente.

[18-2-2023]

Solau do falso marinheiro

Tudo o que fui já não sou
e, amanhã, outro serei.
Hoje, jamais saberei
o que, ontem, de mim restou.

A morte veio e levou
o melhor da minha grei.
Penando, sem lei nem rei,
eu mal sei para onde vou.

"Quem foi este, e a quem amou?"
Quem dirá o que pensei
no dia em que a encontrei
e quando ela me deixou?

De tão frio, o amor gorou.
Marinheiro, naufraguei,
e a cantiga que cantei
a ninguém emocionou.

Meu barco nunca aportou
na terra que sempre amei.
O que vi não mais verei,
e o meu verso se calou.

[19-2-2023]

Intuição

É inútil a toda a gente
minha intuição contida.
Se no verso dou-lhe vida,
vida terá, mais à frente?

Até quando, se os sinais
são de todo indiferentes?
As circunstâncias presentes
a renegam inda mais.

Algum mérito ou valor
que um dia me justifique?
Então não passe, mas fique,
imune ao tempo e ao bolor.

Que em outro sonho espelhado
ela se propague e venha:
minha intuição, resenha
de quem amou desamado.

[19-2-2023]

Tempo de arrumar as gavetas

Mais passado que futuro,
vivo o meu presente intenso:
comedido no que penso,
tateando em quarto escuro.

Quantos anos eu terei
para concluir a obra?
Quanto tempo inda me sobra
para amar quem não amei?

Menos do que já vivi,
salvo um divino milagre!
Que a morte nunca me flagre
conjeturando isso aqui:

na estrada que se divisa,
e onde já vislumbro a curva,
talvez, numa tarde turva,
possa mudar de camisa;

possa fingir-me doente,
guardando as forças, deitado;
entre jovens, disfarçado,
brincar como antigamente;

voltar uns passos atrás,
com um bom cirurgião;
usar creme nestas mãos
que já se engelham demais...

A morte detesta as tretas
com que a queremos lograr.
É tempo de começar
a arrumar as gavetas.

[21-2-2023]

Os anônimos

Como as ondas que morrem ao chegar à praia,
todos nós, os anônimos,
passaremos pelo mundo
assim como um poema inédito,
esquecido na gaveta
de algum poeta menor
e finalmente perdido, em meio a tantos papéis
amassados ou rasgados
e atirados à lixeira.
Nascemos, crescemos, vão-se os nossos
                                  [sapatos,
perdemos as nossas roupas.
À noite morrerão os nossos passos,
e quedaremos, mais uma vez,
no mais profundo silêncio.
Nem sequer os nossos sonhos
têm alguma importância:
nem mesmo os melhores — sobretudo os
                                  [melhores.
E, assim, desperdiçados,
como um líquido precioso que se derramasse,
um azeite, um perfume, água para os sedentos,
nós somos o nosso próprio incidente,
noticiado sem alarde
nos espelhos polidos da rotina.

Nós, os anônimos,
a grande maioria da espécie humana,
todos nós, que vivemos
no limiar da mais cruel indiferença,
e cujos nomes são escritos, tão somente,
em certidões de nascimento e óbito,
precisamos ser ouvidos.
A história precisa ser escrita
para aqueles que virão:
milhões e milhões de anônimos,
como nós, de todo isentos
do trabalho dos autógrafos,
das poses, das entrevistas,
das insuportáveis *selfies*.
Nossa história de um único dia
não caberia nos mais alentados romances,
e conosco morrerá
nossa alegria clandestina,
regada a ressentimento e amargura.
Somos um continente de silêncio
à espera do grande silêncio,
do fim dos dias e das estações,
do fim dos tempos,
do fim de tudo,
até desse cruel anonimato,
mais cruel do que o cruel
que nos define e irmana.

[25-2-2023]

Canção sonâmbula

Meus sonhos não têm idade:
vêm de sempre, vêm de nunca.
A memória é mão adunca
que os expõe à claridade.

Não são névoa, são areia
que se vai, mas arranhando.
Deixam marcas, vão bordando
as tramas da minha teia.

Enoiteço no balanço
das imagens que me embalam.
Ouço o que os sonhos me falam,
e me afundo em sono manso.

[25-2-2023]

Nem amante, nem amigo

Nos meus versos eu te abraço,
mantendo-te aqui, comigo.
Nem amante, nem amigo,
mas seguidor dos teus passos.

Nessa estranha condição,
em que nem fico, nem passo,
teu olhar, punhal de aço,
perfura-me o coração.

O tempo passa — e o que faço?
Modulo um sonho mais crível,
alçando-te a outro nível,
traçado a régua e compasso.

Na vida em que me embaraço,
sorvo o teu perfume e digo:
nem amante, nem amigo,
prisioneiro dos teus braços.

[25-2-2023]

O poeta a si mesmo

Mais vale um prato de sopa
que tua poesia toda.

Pergunta aos que passam fome
se querem saber teu nome.

Pra quem tem fome, decerto,
a sopa é melhor que o verso.

Uma cebola, no espeto,
desbanca qualquer soneto.

De que vales, ó poeta,
com tua palavra turva?

O mundo pede uma reta,
e só sabes traçar curvas.

Se queres fazer o bem,
sem perguntar para quem,

larga esse ofício que tens
e que não salva ninguém.

[26-2-2023]

Canção do amor-general

O amor é meu general,
eu sou um simples soldado.
É dele o pomo dourado
que trago no meu bornal.

Ele ordena que eu o entregue
a quem não quer recebê-lo.
Como posso demovê-lo
dessa missão, sem que o negue?

Quero achar-te, ele me perde
entre lágrimas de sal:
dá-me ilusões no quintal,
num verde que eu não quis verde.

[26-2-2023]

Ecos da crítica

Em qualquer livro é sempre a mesma história:
o amor que não nos ama, o tempo, a morte,
a falta de sentido, a imperfeição,
a poesia — remédio, açúcar, pão —,
a vida sem dinheiro, a pouca sorte
e o tema onipresente da memória.

Às vezes, algum plágio descarado
pensamos encontrar, mas em seguida
notamos a mudança de contexto:
paráfrases, colagens, outro texto
do modelo é criado, e há pouca vida
em solo tantas vezes cultivado.

Repetidas as métricas, os versos
heroicos que não cessam de lutar
com rimas de pobreza cristalina.
E, na clara exaustão da sua mina,
procurando, perdido, o que cantar,
o poeta na infância segue imerso.

[26-2-2023]

Soneto utópico

"Amanhã as tormentas passarão
e reinará, enfim, a calmaria.
Aquelas andorinhas que, outro dia,
em nossos céus planavam, voltarão.

Os homens, finalmente em comunhão,
armas ensarilhadas (quem diria?),
brindarão, com otimismo e com alegria,
à paz universal, à vida e ao pão."

Como realizar essa utopia
senão em versos fúteis, prisioneiros
das palavras pejadas de mistérios?

Se, às vezes, alguém grita de euforia,
a seu lado aparece um grupo inteiro
e, enquanto uns choram, outros ficam sérios.

[26-2-2023]

A educação pelo riso

A Ariano Suassuna, in memoriam

Entremeando arte e vida,
entretendo ao entreter-se,
educava ao conceber-se
pura emoção entretida.

Sem desdizer, entretanto,
que a paixão é sol, guarida,
e nos encanta à medida
da beleza do seu canto.

Num entretecer de sonhos,
rizoma ou rede estendida,
trocava a luta renhida
por um mundo mais risonho.

Ensinava com alegria,
e revelou, a sonhar,
na direção a trilhar,
uma outra e melhor via.

[8-3-2023]

A fome armada

Arma-se a fome
de poucos garfos
e muitas facas

que já não cortam:
perfuram, cegas,
a carne alheia.

(Olhai, irmãos:
não há talheres
na Santa Ceia!)

Garfos de ouro,
facas de prata,
e a fome mata.

[9-3-2023]

Invenção

Eu invento o meu poema
como quem constrói um mito:
do teu semblante edifico
quase um sacrossanto emblema.

Algo assim, faceiro, lépido,
segredo não explicado,
antes, diria, ampliado,
susto novo, medo inédito.

Uma efígie, uma imagem
que é a tua e já não é,
e que outros, mesmo os sem fé,
verão como um sol, visagem

que por si justificasse
as nossas inquietudes,
reafirmando virtudes
como o vento que passasse,

tão leve que não pesasse
na balança da razão,
e ao aceno de uma mão
de esperança nos bastasse.

[9-3-2023]

A luz

A partir de uma canção de Lupicínio Rodrigues

Iluminas mais a sala
que a luz que vem da janela.
Qualquer luz é sempre vela
que teu sol ofusca e cala.

Tudo a teu redor se aclara,
mal atravessas a porta;
e essa luz, que me conforta,
não se filtra nem se apara.

Desse clarão sem medida
que do teu rosto irradia,
vê-se a tarde feito um dia,
prolongada e prometida

até mais não se poder.
E, se esboças a saída,
(fica mais, ó minha vida!)
principia o anoitecer.

[11-3-2023]

Canção do viajante

Debutante derradeiro,
vou traçando o meu calvário:
andarilho imaginário
dos teus íntimos roteiros.

Nada sei do teu sacrário,
onde quero pôr-me inteiro.
Viajante ou prisioneiro?
Meu destino é temerário.

Deambular no precário
do meu instinto primeiro,
de janeiro até janeiro,
seja qual for teu horário.

Viajante e visionário,
serei teu escudo e veiro.
Em torno à rosa, o espinheiro
já cobra seus honorários.

[19-3-2023]

Desprezo

Em qualquer palco, a paixão
desempenha o seu papel:
seja o de vilã cruel
ou o de heroína; então
que termine esse intermezzo
e a trama siga o seu rumo.
Quem sabe, um dia, me aprumo
na acidez do teu desprezo.

[19-3-2023]

Soneto do amor cruel

Um homem é trabalho ou é desejo?
O que me dignifica, realmente?
Pois não será o amor, o amor somente,
aquilo que mais busco e mais almejo?

O que haverá maior, mais benfazejo,
mais humano, mais doce, mais pungente,
do que encarar o amor, fazer-lhe frente
e escutar, conformado, o seu solfejo?

Se cruel for o amor, então, sem pejo,
aceito a sua dádiva menor
da simples amizade, do lampejo

da luz dos olhos teus — o pormenor
de tudo o que eu quis ver e que não vejo,
mas que, por existir, me faz melhor.

[19-3-2023]

Regeneração da matéria

Eu canto o que se desfaz.
A matéria, na poesia,
regenera-se, eu diria,
e o que era menos é mais.

O verso, assim, satisfaz
a uma ambição tardia:
recompor, à luz do dia,
o que já ficou atrás.

É divina e contumaz
essa missão de alegria.
Que novo Cristo poria
de pé um corpo que jaz?

[19-3-2023]

Função do poema

O poema legitima
o não sentido da vida
até na dor acolhida
— tenha ou não tenha rima.

Coisa que se vê por cima
da superfície polida
e, ao mesmo tempo, inserida
no mais profundo da lima.

Numa luta que se estima
de vera paixão contida,
em silêncio repetida
até um degrau acima.

As palavras, na vindima,
compõem a lã escondida,
com mais esmero tecida
na obra que se quer prima.

[24-3-2023]

As coisas que não têm jeito

Não há jeito que dê jeito
às coisas que não têm jeito.
O amor que trago em meu peito
por ti jamais foi aceito.

Saltimbanco ignorado,
do teu palco fui proscrito.
E o destino, mal escrito,
fez-me por ti desprezado.

Não há colo, não há leito
assim como o teu — perfeito.
Às coisas que não têm jeito,
não há jeito que dê jeito.

Haverá um meio-termo
entre o direito e o avesso?
Como impedir o arremesso
deste corpo, amante e enfermo?

Teu sorriso é o parapeito
em que me seguro e ajeito.
Mas, às coisas já sem jeito,
não há ninguém que dê jeito.

[25-3-2023]

O poeta e sua musa (II)

Lanço um véu sobre o teu nome,
para chamar-te de musa.
E a tua face, difusa,
entre as minhas rimas some.

Como um sol que se escondesse,
em dia inteiro nublado,
e o seu círculo dourado
inda assim nos aquecesse,

trago o teu vulto cifrado
em sutis esconderijos,
e sempre a ti me dirijo
com versos desencontrados.

Teu rosto até descrevi,
mas de modo tão sutil,
que nenhum leitor te viu
nem verá como eu te vi.

[25-3-2023]

Canção do bem e do mal

Não há bem que não se acabe,
nem há mal que sempre dure.
Por mais se estude e procure,
é tão pouco o que se sabe.

E, por mais que o tempo o cure,
o amor no peito não cabe.
Que a paixão não me desabe
e meus olhos nunca fure.

Do fim do amor, me descabe
tratar em verso que o ature.
Não há mal que sempre dure,
nem bem que nunca se acabe.

[26-3-2023]

Canção libertária

Lutar pela liberdade,
na arte e também na vida.
Jamais dar leito ou guarida,
se o desamor nos invade.

Expulsá-lo, sem alarde
nem pensamento homicida,
pois, para tão nobre lida,
jamais será cedo ou tarde.

Sob o véu da fantasia,
o frio olhar da verdade:
os temperos da vontade,
no feijão de todo dia.

[26-3-2023]

Os sinos dobram por ti

Teu sorriso inesquecível
permanece na memória
dos que leram tua história
de um sonho maior possível.

Se breve foi a jornada,
assim é tudo o que amamos;
e, quanto mais adoramos,
mais curta se mostra a estrada.

Ficamos com as nossas vidas,
sem sabermos até quando;
rebeldes, vamos cantando,
de alma leve e embevecida,

a pergunta permanente
sem a resposta visível:
caminhas no inconcebível
ou dormes profundamente?

O fato é que os sinos dobram,
e agora dobram por ti.
Mas eu, que nunca te vi,
junto-me a todos que choram.

[1-4-2023]

O paciente

A anestesia me ajuda
a ser outro João Sem Medo.
Ninguém conhece o segredo
que guardo na face muda.

Deitado na mesa, espero
descobrir o que me mata.
Leve tremor desacata
a força do peito fero.

Em breve, anestesiado,
paciente sobre a mesa,
serei tema e serei presa
de certo verso afamado.

Será longa, essa jornada
do corpo paralisado?
Verei o jardim dourado
que nos separa do nada?

Tem paciência, ó poeta!
Confia, então, no destino
que te guia, a passo fino,
por sua trilha secreta.

Entregue à perícia humana
(como ocorre no avião),
nada mais penso, senão,
no amor que me desengana.

[2-4-2023]

Poema amargo

Amargo é saber que o amor,
por maior que seja, acaba:
ou por atingir a aba,
ou quando um dos dois se for.

De quem ficar, a ternura
será de terra arrasada:
uma alcova devassada,
uma sala sempre escura.

Amargo é sentir a usura
que o tempo já nos cobrou:
o malogro que gerou
na altivez da doçura.

Algo assim como o remédio
que sequer resvala a cura,
mas cujo sabor perfura
a carne viva do tédio.

Amargo é pensar: "Talvez
o sonho nunca aconteça;
talvez eu não a mereça,
e um dia a esqueça de vez."

Saber, enfim, que essa vida,
se muito nós a queremos,
mais morre enquanto a vivemos
— é uma luta perdida.

[15-4-2023]

Conselho

De nada vale o lamento
pelas lacunas deixadas:
fique a alma apaziguada,
no corpo que será vento.

Lembra-te daquela imagem
— ela entrando no salão.
Leva-a contigo e, então,
banha de luz a viagem.

Segue em paz e conformado,
como se deve e convém.
Foi teu destino o de quem
amou, mas não foi amado.

[15-4-2023]

A morte não pede passagem

A morte não pede passagem:
vai aonde quer, sorrateira,
fixando, no mastro, a bandeira,
queimando e crestando a paisagem.

Se ela é déspota, por um lado,
por outro, é também democrata:
iguala a todos, pois nos ata
nas tramas de um mesmo bordado.

E o mistério que traz consigo,
que nos deprime e nos irmana
na triste condição humana,
será nosso último abrigo.

[15-4-2023]

Restos

Os meus restos aqui vão,
enquanto o todo inda vive.
Onde algum dia eu estive,
eles permanecerão.

Dúbios, vazios, perplexos,
sem a polidez da fama,
talvez perfumem a cama
em que não se faz mais sexo.

Nem ossos, nem pó, são versos
que se espraiam no papel,
indiferentes ao fel
de um inimigo disperso.

Restos de mim, que deixei
nalgum peito proibido,
ali, escuso ou perdido,
num lugar sem lei nem rei.

[15-4-2023]

Caravaggio (I)

Mais, muito mais do que um mito,
o do artista vão, maldito,
eu fui um gênio esquecido.
Um filho sem pai, proscrito,
e traído desde o início,
fiz da arte um artifício,
porém no melhor sentido:
o meu *Baco adoecido*
diz bem mais do que ora digo.
Ainda aqui, onde habito,
todo conforto eu vomito:
sou um carrasco do rito.
Foi crime ou foi suicídio?
Como, afinal, fui vencido?

[16-4-2023]

Santa Teresa (I)

Não aos santos emburrados
e à penitência chorosa:
sempre com Deus, minha prosa
consiste em passos dançados.

Alegria é um dever
de quem vive para Cristo.
De alegria, então, me visto,
contente de O receber.

Um anjo é Seu mensageiro,
e me ponho a seu dispor,
dando-me, em glória e louvor,
ao vê-lo de corpo inteiro.

Somente com a luz da graça
a alma será regada.
Ao seu dardo, enfeitiçada,
permito que tudo faça.

Haverá, no mundo, cura
pra tão celeste loucura?

[21-4-2023]

Santa Teresa (II)

Meu corpo, feito em pedaços,
em penitentes sevícias,
foi transformado em relíquias
que dançam em vários paços:
um pé foi direto a Roma,
uma mão foi pra Lisboa.
Ah, Senhor, meu Deus, perdoa
o mundo, que segue em coma!

[21-4-2023]

Pintura (I)

A foto é uma pintura que não mente:
sob um céu de luz límpida e coesa,
o verde-escuro ao fundo, a natureza,
o lago que descansa e passa rente;
no plano principal, a flama acesa,
a graça, a pose, o afeto de um presente,
o olhar que fita o empíreo, quase ausente,
da rainha no meio das princesas.

[23-4-2023]

Temperança

Um gosto esclarecido e cultivado
na medula sensível da razão.
O livre desfrutar da tua mão,
logo após o desejo consumado.

Oposto ao deslimite irrefreável,
esse prazer, medido e mais intenso,
às vezes confundido com bom senso,
é, de fato, um degrau além do amável.

Desfrutar esses dias que nos restam
sem qualquer ascetismo — amor é fogo!
Ser teu parceiro, e, dentro do teu jogo,
controlar meus instintos, que protestam.

[29-4-2023]

Dâmocles

Todos nós temos a espada
presa acima da cabeça.
Não esperes que anoiteça.
Amanhã não farás nada.

Palmilha, sem medo, a estrada,
mesmo ao sol do meio-dia.
Nenhum teto abrigaria
tua cabeça cortada.

Sentes o fio que já roça
a pele do teu pescoço?
Calma! Sem muito alvoroço,
realiza o que inda possa

ser feito em tempo tão curto.
Somos bobos numa troça:
vai-se a vida, a tua, a nossa,
na rapidez que há num furto.

[30 4 2023]

Caravaggio (II)

Estrangulei, feri, cortei, matei
não poucos desafetos, nos meus quadros.
Não pude esfaqueá-los pelos adros,
e o pincel foi a faca que eu usei.

A minha ira, assim, descarreguei
na crueza da carne sob a luz,
no sangue que inda jorra e que conduz
os olhos de quem vê, mendigo ou rei.

Olhai o horror da vida, vã, confusa!
Aqui eu sou Judite, ali, Davi,
aquele que ora geme, ora sorri,
e é meu, também, o grito da Medusa.

[1-5-2023]

Daniele da Volterra, o *Braghettone*

Se escondo, com talento, o que Deus fez
e não se pode ver à luz do dia,
que ímpio contumaz me negaria
o borbulhar do gênio, a altivez?

Daqui a muitos anos, outra via,
cultivada no meio da escassez,
aos descrentes irá mostrar, talvez,
o que há, nessas braguilhas, de obra pia.

Que a minha mão, assim, por Deus guiada,
não esmoreça nem altere o rumo
em direção à glória tão sonhada.

As cores desses panos, ah, o sumo
da leveza que atende à ordem dada...
mais belo torno o belo, ao que presumo.

[6-5-23]

Canção do sonhador

Se os sonhos não envelhecem,
então que eu sonhe sozinho,
enquanto aqui eu caminho
e as frias Parcas me tecem.

Tudo o que realizei
envelheceu, logo após.
O tempo desfez os nós
que, com tanto engenho, atei.

Confesso: fiz, não sonhei!
Pois, se o tivesse sonhado,
o meu mundo malogrado
seria ouro de lei.

Por tua causa, passei
a viver na fantasia,
sonhando, dia após dia,
que ainda serei teu rei.

Vivo permanece, em sonho,
e, no sonho, eu o desfruto,
esse amor, que é sol e fruto,
e somente a ti proponho.

[7-5-2023]

Lamentação de Adriano

Para lembrar as alturas
do nosso amor interdito,
farei cidades no Egito
e erguerei mil esculturas.

Sim, tudo em tua memória,
agora, que és sol e mito.
Também no porvir, contrito,
inscreverei tua glória.

Antínoo, meu doce amado!
Ó tu, que meus pés beijavas,
e adormecias, sem travas,
ao chão de um trono dourado!

Dormes, enfim, esse sono
ao qual ninguém põe mais freio,
e me sagras, de permeio,
um imperador sem dono!

[13-5-2023]

O avesso e o direito

No avesso, a tapeçaria
em que nós somos tecidos
nos dirá qual o sentido
das nossas horas vazias.

Pontos e nós: quem diria
que essas rasuras da lã
expusessem todo o afã
da vida que se tecia?

Momentos mal resolvidos
de pequenez ou vergonha:
que nada disso se ponha
no resultado obtido.

Os extremos de uma trama,
que a fazem, sendo contidos;
o oposto dos bons partidos,
as agruras de quem ama.

No direito, a vida segue
vistosamente vivida.
No avesso, descolorida,
a feiura nos persegue.

[22-5-2023]

O inoperante

O inoperante nada opera:
passa, olha, não vê, vagueia,
no seu mutismo de pedra

(se pedra fosse, porém,
teria mais precisão:
abrir um coco, na praia,
defender-se de algum cão).

Veio ao mundo a passeio, o inoperante.
Giróvago de terras invisíveis,
nada quer, nada almeja, nada sonha.

Seja mendigo ou herdeiro:
não importa quão cheio tem o corpo,
pois vazia é sua alma.

Ó flor morta, sem espinhos,
sem cheiro, sem pólen, sem cor!

Teima, teima, mas sem calor,
em sua existência tão seca,

de quem nada espera de nada,
de quem não tem medo de nada,
de quem é, simplesmente, livre.

[22-5-2023]

O direito e o avesso

Nossa natureza,
ao erro inclinada,
sobpõe, exaltada,
o feio à beleza.

Expõe-se a grandeza
da obra criada,
e a falha é guardada
debaixo da mesa.

Nossa natureza,
tão enviesada,
atribui ao nada
foros de nobreza.

A fina destreza
na arte encarnada:
ilusão, aguada,
que nos faz de presa.

[23-5-2023]

Relicário

A partir de uma canção de Nando Reis

O imenso relicário desse amor,
que, há anos, venho erguendo como posso,
dirá o que perdi e que foi nosso,
em sonho e verso — e som, e forma, e cor.

Foi tanto o meu esforço, e tanta a dor,
que pouco mais restou de mim: destroço
do que já fui, ainda assino e endosso
cada estrofe colhida, rima e flor.

Nesse cofre sagrado, graça e encanto,
ternura entressonhada com engenho,
descansam os meus olhos já sem pranto.

E, assim, a cada aurora eu me levanto,
vibrando com o que fiz e com o que tenho,
pois nem o sol nascente brilha tanto.

[24-5-2023]

Pintura (II)

Canto o verde que acolhe e que é brinquedo,
colchão de ar, abrigo, colo, abraço,
carinho maternal, rede, regaço,
que afasta a desventura, a dor, o medo.

No verde, que também lembra um divã,
os braços bem abertos pro futuro.
E os olhos em que a mãe encontra, puro,
o resplendor da aurora da manhã.

[26-5-2023]

Considerações sobre o novo (II)

Não há um novo caminho
para quem segue pegadas.
Só verás a tua estrada
quando a trilhares sozinho.

No roseiral, os espinhos
aguardam mãos apressadas
que lhes deem, perfuradas,
mais uma taça de vinho.

Sem pressa, com fé, carinho,
intenta a obra sonhada;
de alma leve, serenada,
feito uma ave no ninho.

[28-5-2023]

Intenção

Quero o meu poema lido,
jamais dito, declamado.
Lido em silêncio, espaçado.
Que ele seja, sem ter sido.

Na rede ou mesmo na cama,
que a surpresa que ele evoque
arrepie, como um toque
da pessoa a quem se ama.

Esgarçando as tessituras
e atingindo o mais profundo,
que refaça cada mundo,
no limiar da loucura.

Que seja interna a explosão,
a confusão dos sentidos.
E o leitor não dê ouvidos
ao discurso da razão.

[29-5-2023]

Considerações sobre o novo (III)

Nada nos é ofertado:
precisamos construir
sem encarar o porvir
como um caminho traçado.

Sem medo de divergir
do que nos foi ensinado.
Fazer, do choro passado,
um motivo pra sorrir.

Não é presente: o que é dado
é um sinal de partir.
No futuro, o que há de vir
será hoje renovado.

[3-6-2023]

Amor vincit omnia

A partir de um quadro de Caravaggio

Quem sabe vencerá, um dia, o amor,
ao conquistar o mundo plenamente?
Nos fará mais humanos, de repente,
não mais fome, miséria, brigas, dor?

Ou vencerá o amor com diabruras?
Tal cupido devasso, jogará
ao chão, escarnecendo, ao deus-dará,
violino, alaúde, partituras?

A tudo irá se opor, desprezo, fogo,
mostrando o desalinho dos lençóis?
Se for assim, o que será de nós,
pobres mortais, no seu divino jogo?

[4-6-2023]

Amor vincit omnia — variação

Do futuro, quem sabe o que virá?
Toda a angústia da espera é de quem ama...
Amizade, desprezo, indiferença?
O melhor de quem ama, o seu tesouro,
permanece guardado, a sete chaves,
no mais secreto cofre dos desejos,
oculto na penumbra indevassável
gerada pela noite interior.
Até quando? Não pode ser pra sempre!
É grande a dor de amar alguém em nós,
um homem ou mulher, qualquer pessoa,
sem se poder amá-la nela mesma.
Se ninguém quer sofrer, por que amamos?
Seria tão mais fácil se pudéssemos
amar a quem nos ama, definindo
a quem direcionar nossa afeição.
Mas quem te vence, amor vitorioso?
Ó anjo decaído e trapaceiro!
Apareces assim, embriagado,
para zombar de nós, pobres humanos!
Se já tens tudo, nós não temos nada.
O tempo não te atinge, não te gasta,
e dura o teu feitiço sobre nós,
e ris de nós, aflando as tuas asas,

até nos acertarem tuas flechas.
Asas negras, escuro é teu mistério,
o mistério da humana criação;
travesso é teu sorriso de criança
que quebra os objetos sem querer,
e, também sem querer, nos quebra a todos,
no nervo da vontade e da razão.
És, sim, um deus, e os deuses nos desprezam.
Revelarás, a nós, toda a verdade?
Surgirá, algum dia, quem te vença?
Quando desces do empíreo, com teu arco,
no intuito de cobrar a tua tença,
encontras, já curvada, a humanidade:
quantos morrem por ti e quantos rezam!

[4-6-2023]

Foto antiga (II)

A foto é de 1910.
Estamos em 2023.
O instante foi capturado pela máquina
                [fotográfica há 113 anos.
Um velho toca o realejo.
Ao seu redor, há homens, mulheres, crianças.
Há um menino, preto, que trabalha;
e um branco, menorzinho, de chapéu e bengala,
                [que já nasceu grão-senhor.
A menina descalça, de vestido sujo, e que
                [segura uma criança de colo,
provavelmente foi mais infeliz que a criança de
                [que cuidava.
Alguns viveram mais; outros, menos.
Uns provaram fartura; outros, fome.
Todos foram.
Ninguém é mais.
E tu, leitor, se acaso lês este poema 113 anos
                [depois de escrito,
(ó poeta pretensioso e estúpido!)

não esqueças, jamais,
de tão prosaica lição:

    Ninguém permanece.
    Todos passarão.

[7-6-2023]

Definição de beleza

Com mote de Lêdo Ivo

A beleza é um punhal
que atravessa o nosso peito.
Um vazio em nosso leito,
encerrado em pedra e cal.

Um abismo em que caímos
conscientes do perigo.
Úmida polpa de figo,
que não comemos, mas vimos.

Um corte que não estanca,
mas não dói na carne: avança
para dentro, não se alcança,
no mais fundo em que se tranca.

É um bem que nos faz mal.
Som de pássaro invisível.
A solidão mais terrível.
Uma atração. E fatal.

Por fim, é também remédio
que, não curando, atenua

a dor de viver, a crua
tensão no nervo do tédio.

[9-6-2023]

Caravaggio (III)

Tudo o que é panorama me entedia:
o verde, o sol, os rios e as montanhas.
Nos meus quadros, só vês o que se ganha:
planos fechados, sangue e adaga fria.

A morte que nos chama. Quem diria:
por trás de todo corpo, além das banhas,
o mesmo ser que sofre, a dor, as manhas,
vontade de viver por mais um dia...

O claro-escuro, a luz sobre um detalhe,
um músculo cortado, um choro, um grito
— que o som seja escutado e a dor se espalhe,

e a emoção da cena gere o atrito
do teu olhar, já preso bem no talhe,
tão real, tão perfeito, tão maldito.

[12-6-2023]

Lição de Estética (II)

Um passo além da função:
eis o limite da glória,
a revelar a vitória
feita, porém, de ilusão.

Pintada, a xícara não
muda o sabor do café;
a forma o preserva, até,
e a asa protege a mão

de possível queimadura.
Há, na arte, gratuidade:
se isso não for verdade,
de que nos serve a pintura?

Dir-se-á: só ao prazer
de vê-la antes do sorvo,
mais esquecendo, do estorvo
que a vida é, ao beber.

Um excesso, mas contido,
que nos ajuda a viver:
como um belo entardecer,
depois de um dia perdido.

[18-6-2023]

Cinco poemas da paz

1

Respeitar a vida
que, se bem vivida,
não dará guarida
às desilusões.
Romper os grilhões
das nações vencidas:
retomar a lida,
não por ódio, mas
a favor da vida,
em louvor da paz.

2

Rejeitar a violência
que há no gesto desmedido,
no olhar, na fala, no grito.
A vida é som e cadência,
abrigo, luz, cantoria
que herdamos e que se faz
sempre nova a cada dia
(e em gestação se mantenha).

Flor efêmera, um rito
de passagem, mas que tenha,
na sustentação da paz,
a dureza do granito.

3

Ouvir para compreender
cada sílaba falada:
melhor entende quem ouve
com sua boca fechada.

Ouvir, e, depois, falar
enquanto alguém nos escuta.
As palavras não são armas
para usar em qualquer luta:

elas vibram contra as causas
que, sabidamente injustas,
fomentam o desamor
que floresce à nossa custa.

4

Falar a língua dos bichos,
compreender também as plantas.
Línguas, línguas, línguas tantas,
como os santos, nos seus nichos.

Cada passo para a paz
desconstrói a dor da guerra.
Cada semente, na terra,
nos concede um dia a mais.

Preservar nosso planeta,
que é nossa casa primeira,
e, na língua derradeira,
escrita a mão, a caneta,

deixar que o verso nos fale
o que nos falta fazer,
sem nos deixar abater
— e que ele nunca se cale.

5

Ser generoso,
mais que bondoso:
justo, eu diria.
Na equidade,
jardim da paz,
reina a justiça:
a flor que viça
e o próprio Deus
plantou, um dia.

[24-6-2023]

Cena urbana

As crianças, nos semáforos,
brincam pedindo um trocado.
Nós brincamos de justiça:
seguimos todos logrados.

Passam carros apressados,
e a justiça não tem pressa...
Novamente param: tantos
atores da mesma peça.

Dos dois lados da janela,
fantasia e ilusão.
A esperança, que redime,
morre na palma da mão.

[25-6-2023]

Mínima declaração dos direitos da criança

Pai e mãe, abraço,
comida no prato,
vacina no braço.

Roupas e sapato,
vacina no braço,
mãe e mãe, abraço.

Vacina no braço,
amor e bom trato,
pai e pai, abraço.

Livro e aparato
de estudo: compasso,
caderno, regaço.

Quintal e terraço,
comida no prato,
vacina no braço.

[25-6-2023]

Recomeço

Teu olhar é a faísca
que inicia a combustão.
Lume de fogo, carvão,
álcool, fósforo que risca.

Foi sempre assim, desde as priscas
eras. Se existiu Adão,
o olhar de Eva foi, então,
uma onipresente isca.

Algo assim que nos confisca
o sentimento do chão.
A supressão da razão,
que algum deus quer e rabisca.

[30-6-2023]

Ode ao mês de agosto

Uma noite a mais, sim, mais uma noite,
e, em breve, mais um dia igual aos outros.
Haverá fome e pão, dor e alegria;
de nada valerá, para os que sofrem,
o ritual sem Deus da polidez
que nos irmana a todos nós, fechados
em nossos quartos, salas, automóveis.
Diz o grego que Circe enfeitiçava
os homens, transformando-os em bestas,
porcos de alvos colmilhos, cães, talvez,
que, fartos, descansavam no solar
de tão augusta deusa, satisfeitos,
libertos da memória e da saudade,
felizes, lassos, de barriga cheia.
Em nosso tempo de civilizados,
carroças são puxadas, noite adentro,
por burros que não têm rabo nem casco,
de olhos esbugalhados pela fome;
andam de pés descalços, feridentos,
cujas marcas de sangue pelo asfalto
serão lavadas com o cair das chuvas,
e assim também o lodo que há nas ruas.
Ah, o lodo das ruas, eis o tema:
talvez um dia eu possa concentrar-me

no verso que, de fato, importará,
um verso de protesto e redenção.
Sim, toda a nossa história é muito triste,
falhamos na passagem pelo mundo.
Os aviões, as máquinas, *iPhones*,
são coisas engenhosas que não salvam.
Somos todos escravos de nós mesmos,
e o amor é um cavaleiro solitário
diante dos moinhos da incerteza.
O tempo nos corrói a cada instante,
não há trégua que o faça arrefecer
seu ardor de tirano onipresente,
sua fúria assassina, seu desprezo
por tudo o que se move e sente dor.
Agosto então começa, impõe seus dias,
banhando-me as entranhas de perfume;
sussurra-me no ouvido, sorrateiro,
o que devo dizer e o que calar.
Por onde andas, Drummond, meu capitão?
Que estrada enigmática palmilhas,
uma vez que conheces o segredo
da majestosa máquina do mundo?
É preciso escrever, agora, Carlos,
uma crônica nova, enternecida,
para aqueles nascidos em agosto.
A carta que lhes diga, já sem pejo,

que agosto também é um mês de amor.
De maio até agosto há uma ponte,
de umbigos e de rosas, relva e fruto,
sobre o abismo profundo da tristeza.
Será o amor o único refúgio
contra a sórdida inveja, todo o mal,
o mal que se disfarça e que persiste,
destilado nos gestos, nas palavras,
oculto atrás de normas e etiquetas?
Agosto soberano e redivivo!
Desgosto algum celebra a tua vinda,
e eu te saúdo, ó mês de festa e flor,
abençoado mês da minha glória,
tu, que me deste o grão do amor e o fogo,
a safra de poemas e a visão
da sublime ternura de um sorriso
que anuncia a esperança do verão.

[1-8-2023]

Sobre o autor

CARLOS NEWTON JÚNIOR é poeta, ensaísta, ficcionista e professor universitário. Nasceu no Recife, em 1966. De 1990 a 2008, lecionou na Universidade Federal do Rio Grande do Norte, transferindo-se, em seguida, para a Universidade Federal de Pernambuco, onde ocupa o cargo de Professor Titular. É autor de mais de quinze livros, entre os quais *Canudos* (UFC, 1999), *Poeta em Londres* (Bagaço, 2005), *De mãos dadas aos caboclos* (Bagaço, 2008), *Ofício de sapateiro* (7Letras, 2011), *Ressurreição: 101 sonetos de amor* (Nova Fronteira, 2019), *Memento mori: os sonetos da morte* (Nova Fronteira, 2020), *Coração na balança* (Nova Fronteira, 2021) e *Vontade de beleza* (Nova Fronteira, 2022). Escreveu prefácios e apresentações para várias edições de autores brasileiros clássicos e contemporâneos (José de Alencar, Lima Barreto, Manuel Bandeira, José Lins do Rego, Ariano Suassuna, Walmir Ayala, Alexei Bueno, entre outros). Organizou, entre outros títulos, o *Almanaque armorial*, coletânea de ensaios de Ariano Suassuna (José Olympio, 2008), o álbum iconográfico *Portal da memória*, da Universidade

Federal do Rio Grande do Norte (Senado Federal, 2008), o volume *Talhe rupestre*, contendo a poesia reunida de Paulo de Tarso Correia de Melo (Editora da UFRN, 2008), além das antologias *O cangaço na poesia brasileira* (Escrituras, 2009) e *Poemas para Dom Quixote e Sancho* (Editora da UFPE, 2015). Mais recentemente, assinou o volume sobre Ariano Suassuna para a "Série Essencial", da Academia Brasileira de Letras (ABL/Imprensa Oficial do Estado de São Paulo, 2018); organizou o *Teatro completo*, do mesmo autor, publicado em quatro volumes (Nova Fronteira, 2018); e organizou, também de Ariano, a antologia *A pensão de dona Berta e outras histórias para jovens* (Nova Fronteira, 2021) e a edição especial do cinquentenário de *A Pedra do Reino*, em dois volumes, contendo iconografia, manuscritos, reproduções de obras de arte derivadas do romance etc. (Nova Fronteira, 2021).

Direção editorial
Daniele Cajueiro

Editora responsável
Janaína Senna

Produção editorial
Adriana Torres
Laiane Flores
Juliana Borel

Revisão
Cláudio Neves

Diagramação
Ranna Studio

Este livro foi impresso em novembro de 2023,
pela Vozes, para a Nova Fronteira.